Mahecha López, Javier R.
    Andrómeda / La primera constelación / adaptación de Javier R. Mahecha López ; ilustraciones Yaneth Piedrahíta Posada. -- Bogotá: Panamericana Editorial, 2005.
    32 p. : il. ; 26 cm. -- (Mitos para niños)
    ISBN 958-30-1974-7
1. Mitología griega – Cuentos infantiles 2. Mitología griega – Adaptaciones infantiles 3. Andrómeda (Mitología griega) – Literatura infantil I. Piedrahíta Posada, Yaneth, il. II. Tít. III. Serie.
I863.6 cd 19 ed.
AJF0048

    CEP-Banco de la República-Biblioteca Luis Ángel Arango

Editor
Panamericana Editorial Ltda.

Dirección editorial
Conrado Zuluaga

Edición y adaptación
Javier R. Mahecha López

Ilustraciones
Yaneth Piedrahíta

Diagramación y diseño de carátula
Claudia Margarita Vélez Gutiérrez

Primera edición, abril de 2006

© Panamericana Editorial Ltda.
Calle 12 No. 34-20, Tels.: 3603077 - 2770100
Fax: (57 1) 2373805
Correo electrónico: panaedit@panamericanaeditorial.com
www.panamericanaeditorial.com
Bogotá, D.C., Colombia

ISBN 958-30-1974-7

Todos los derechos reservados.
Prohibida su reproducción total o parcial,
por cualquier medio, sin permiso del Editor.

Impreso por Panamericana Formas e Impresos S. A.
Calle 65 No. 95-28. Tels.: 4302110 - 4300355. Fax: (57 1) 2763008
Quien sólo actúa como impresor.

Impreso en Colombia   Printed in Colombia

ANDRÓMEDA

La primera constelación

Mito griego

Ilustraciones
Yaneth Piedrahíta

Andrómeda era la graciosa hija de Cefeo y Casiopea, los reyes de Etiopía. En el reino todos eran felices y vivían en paz y armonía.

Un día, Casiopea, llena de arrogancia, se vanaglorió de ser más bella que las Nereidas; eso encolerizó a Posidón el padre de las divinidades del mar:

—Has ofendido a mis hijas, por ello
tu reino y tu familia deben pagar las consecuencias
—le dijo Posidón a Casiopea.

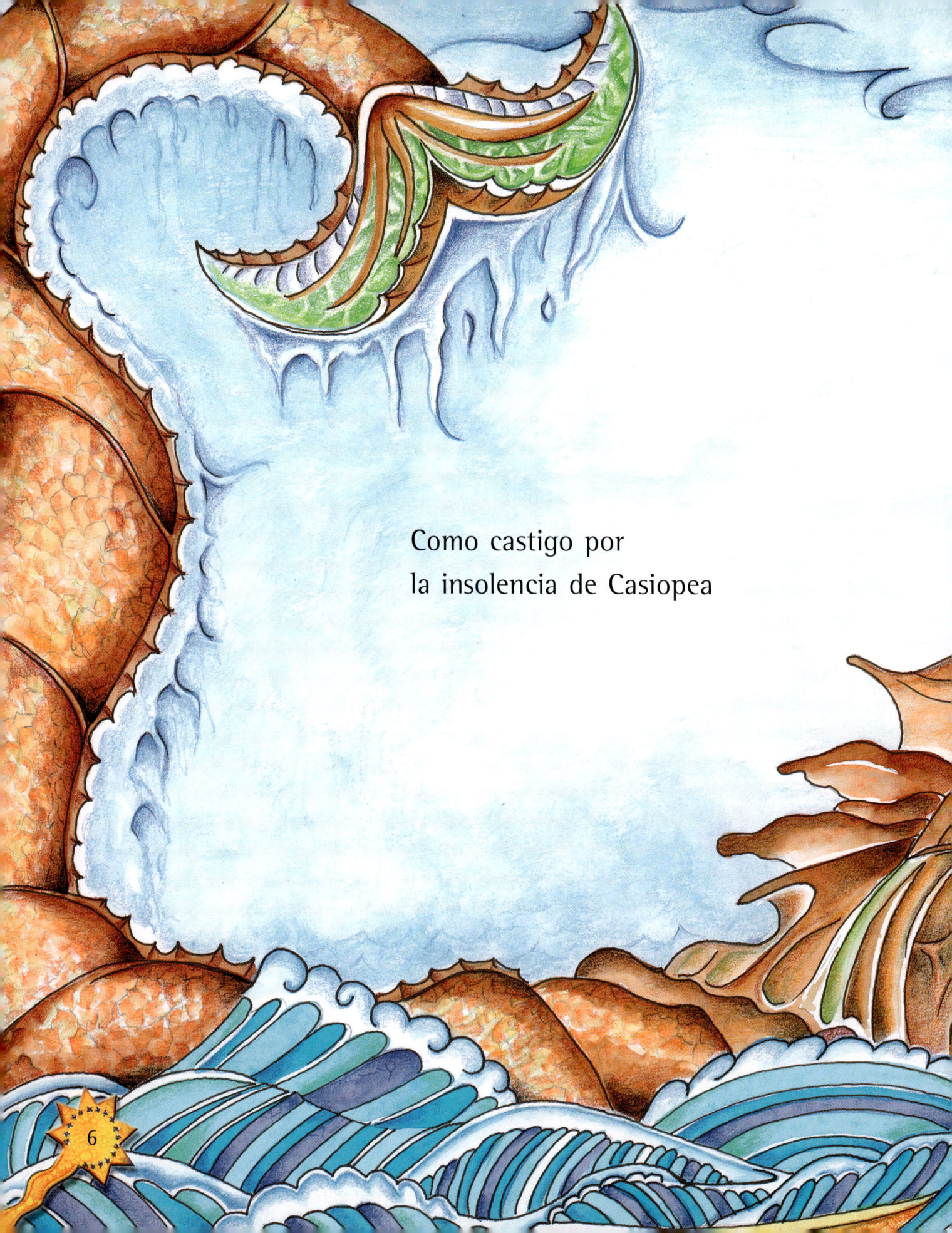

Como castigo por
la insolencia de Casiopea

Posidón provocó una terrible inundación y envió al monstruo Cetus a asolar la región.

El rey Cefeo, desesperado
y sin saber qué hacer, acudió
al oráculo de Ammon
para pedir consejo.

—La única manera de librarse de los males es ofrecer a tu hija Andrómeda en sacrificio para que sirva de alimento a Cetus, el monstruo marino, así aplacarás la furia de Posidón —le dijo el oráculo.

El rey no quería ofrecer a su hija, pero sabía que si no lo hacía, todo su pueblo moriría a manos del monstruo.

Apesadumbrado, le contó a Andrómeda lo que había escuchado del oráculo; entre lágrimas, la joven aceptó morir para salvar a su pueblo.

Andrómeda fue encadenada a una roca
y abandonada a su destino. Mientras tanto,
muy cerca de allí, Perseo volaba de regreso
a su hogar después de haber derrotado
a la gorgona Medusa haciendo
que ésta viera su rostro reflejado
en un escudo de bronce.

Perseo al oír los sollozos de Andrómeda se acercó y quedó enamorado de ella.

Perseo no permitiría que
el monstruo le hiciera daño
a Andrómeda y de inmediato
se dirigió junto con Pegaso,
su caballo con alas,
al reino de Etiopía.

Se presentó ante Cefeo y le dijo:
—Quiero liberar a Andrómeda y casarme con ella pues es la mujer más hermosa que existe sobre la tierra.

Lleno de alegría, Cefeo le dio su consentimiento a Perseo.

El joven llegó justo a tiempo donde Andrómeda, pues el monstruo se disponía a atacarla en ese momento. Después de una dura batalla, Perseo logró vencer a Cetus y liberar a Andrómeda, que al ver la fuerza y la valentía de Perseo, se enamoró de él.

Andrómeda y Perseo se dirigieron a Etiopía para preparar su boda, sin imaginarse que allí los esperaba el rey Fineo quien siempre había estado enamorado de Andrómeda y no quería que los jóvenes se casaran.

Perseo tuvo que enfrentarse a Fineo y a sus guerreros, a quienes convirtió en estatuas de piedra al mostrarles la cabeza de la gorgona Medusa.

Sin nadie que se interpusiera en sus vidas, Andrómeda y Perseo pudieron realizar su boda, se convirtieron en los reyes de Tirinto y fueron padres de muchos hijos.

De su descendencia surgieron los persas y Heracles, el héroe más valiente de la antigua Grecia.

El amor de Perseo y Andrómeda fue tan sincero, que Atenea, la diosa de la justicia, decidió convertirlos en constelaciones para premiar su amor y para que siempre permanecieran unidos. Desde el cielo aún siguen acompañando a los mortales y guiando a los que buscan el amor verdadero.